Casa de cambio

MARTÍN BAREA MATTOS

COLECCIÓN LETEO

eolas
ediciones

© Martín Barea Mattos, 2024

© del epílogo: María José Bruña, 2024

© de esta edición: Eolas ediciones
en colaboración con Club Cultural Leteo

www.eolasediciones.es · www.clubleteo.com

Dirección editorial:
Héctor Escobar

Coordinador de colección:
Rafael Saravia

Diseño de cubierta:
Javier Arce

Imagen de cubierta:
Bruno Martins (unsplash.com)

Maquetación:
Alberto R. Torices

ISBN: 978-84-10057-54-8
Depósito Legal: LE 287-2024

Casa de cambio

Epílogo de María José Bruña

Serie Azul de Metileno

Si no pudiera escribir,
en los momentos de euforia sería guerrillero,
en los de pasividad prestidigitador.
Ser poeta incluye las dos cosas.

JOAN BROSSA

INÉDITOS

(2023)

> Todo está partido. Todo somos nosotros.
>
> ERNESTO CARRIÓN

Una cuerda vibra en ojos cerrados a orilla de los oídos
El mar es una turbina de rocas buscando nuevos mapas.
Gira la roldana solar inflando el barco a latidos
y el sonido rota nave y el océano viaja:
aeropuerto en despegue perpetuo.
Cerca canta el *kyju*
que es un artista entre el aloe:
la luna ilumina las olas rompiendo en hilera
escalera anchísima y mecánica.
El ruido es una curva continua y espiralada
y los aviones despegarán
y parece que iremos hacia algún lado.
Prohibido bajar con animales, prohibido circular con
vehículos.
El grillo suena como la primera vez y un *kyju* es todos
los grillos.
Yo no soy, ni el océano ni el aeropuerto,
ni mecánica escalera ni curva.
Pero estoy sentado con mi vaso de vino en el cuaderno.
Y tal vez para un grillo
eso alcance a decirlo
todo.

Contra las rocas rompía una ola poderosa
La tarde perecía en teatro.
Isidore farfullaba en francés haciendo de piedras agua.
Le tiraba piedras a los biguá, aviones que imaginaba.
Estamos en 1867,
Isidore vuelve a Montevideo para visitar a su padre.
Parece flotar en las rocas
y una mariquita monta la manga de su saco.
Las burlas de su padre mojan la piedra:
lo trata de niña por su pánico.
Pinzas de cangrejo, ecos de gaviota.
El insecto levanta vuelo.
Isidore deja caer desde su hombro
una pesada piedra.
Pone sus ojos en blanco,
cielos superpuestos.
Maldoror monta los océanos a pelo
aferrado a las crines de las olas.
Monta viviendo y muriendo a monte
condenado al sitio de la obra.

La mirada es la esmeralda cayendo hacia adentro
ojos en blanco: sobre cerrado.
Cuando el pulso contrae,
la piedra está en la palma.
La tormenta raya al cielo
y una idea infarta aguas.
Contamos metros en voz baja.
El rayo pasa por la puerta del
templo desvencijado
de la nube de los tímpanos.
En el lecho marino
se distingue un cardumen de rocas iluminadas.
Tiemblan rutas y peceras.
A lo lejos
la tormenta consuela un bombardeo.
Hoy más allá todo se ha mojado
como una mente única.

Somos virales
hemos cumplido un sueño colectivo.
Cuarentena es el nombre del planeta,
hemos peinado las pantallas
replicando nuestro nombre en vano.
Debacle de bloques de bucles,
debacle de bronces de bruces,
debacle de remos cruceros,
debacle de unos y ceros.
Somos virales,
hemos copiado y pegado
el sueño del virus.
Sin deseo por dinero.
Sin océano, desierto.
Cuarentena,
tierra plana la frontera.
Una reserva
de pantallas replicando
nuestro nombre en vano.
Somos virales,
hemos cumplido
un sueño colectivo.

No hay carpintería en las rocas sino canteranos
Picar la piedra es la base de la casa.
Somos de madera, nuestro costillar bote.
Y rema el corazón.
Y nuestro amor es un escándalo
y el amor dos escándalos.
Y el corazón óxido en aguas:
candado de carne.
Sentir, una bacteria portando nombres.
Y las cortinas de lluvia cubrirán al sol
y todos a trabajar.
Y me quedo con la poesía:
engendro que nace muerto pero está viva.

Un poema repetido mil veces es un trabajo,
un poema repetido mil veces
es un trabajo.
Un poema repetido mil veces
es un trabajo:
como un ajo,
como un ajo,
como un ajo.

La poesía encendió
tus adentros.
Eras intemperie.

SECUENCIALES

(2020)

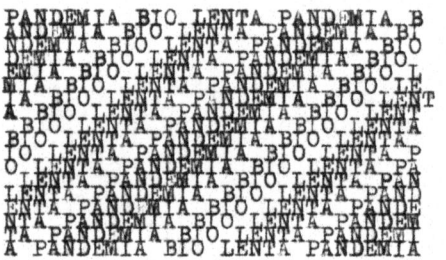

PANDEMIA BIO LENTA PANDEMIA B
NDEMIA BIO LENTA PANDEMIA BO
DEMIA BIO LENTA PANDEMIA BO
EMIA BIO LENTA PANDEMIA BO L
MIA BIO LENTA PANDEMIA BIO LE
IA BIO LENTA PANDEMIA BIO LENT
A BIO LENTA PANDEMIA BIO LENTA
BIO LENTA PANDEMIA BIO LENTA
IO LENTA PANDEMIA BIO LENTA P
O LENTA PANDEMIA BIO LENTA PA
LENTA PANDEMIA BIO LENTA PAN
ENTA PANDEMIA BIO LENTA PANDE
NTA PANDEMIA BIO LENTA PANDEM
TA PANDEMIA BIO LENTA PANDEM I
A PANDEMIA BIO LENTA PANDEMIA

TAPABOCAS TAPARRABOS MATAMOSCAS
APABOCAS TAPARRABOS MATAMOSCAS T
ABOCAS TAPARRABOS MATAMOSCAS TA
BOCAS TAPARRABOS MATAMOSCAS TAP
OCAS TAPARRABOS MATAMOSCAS TAPAB
CAS TAPARRABOS MATAMOSCAS TAPABO
S TAPARRABOS MATAMOSCAS TAPABOC
TAPARRABOS MATAMOSCAS TAPABOCA
APARRABOS MATAMOSCAS TAPABOCAS
PARRABOS MATAMOSCAS TAPABOCAS T
ARRABOS MATAMOSCAS TAPABOCAS TAP
RRABOS MATAMOSCAS TAPABOCAS TAPA
RABOS MATAMOSCAS TAPABOCAS TAPA
ABOS MATAMOSCAS TAPABOCAS TAPAR
BOS MATAMOSCAS TAPABOCAS TAPARR
OS MATAMOSCAS TAPABOCAS TAPARRAB
MATAMOSCAS TAPABOCAS TAPARRABOS
ATAMOSCAS TAPABOCAS TAPARRABOS
AMOSCAS TAPABOCAS TAPARRABOS M
MOSCAS TAPABOCAS TAPARRABOS MA
CAS TAPABOCAS TAPARRABOS MATA
CAS TAPABOCAS TAPARRABOS MATAMO
S TAPABOCAS TAPARRABOS MATAMOSC

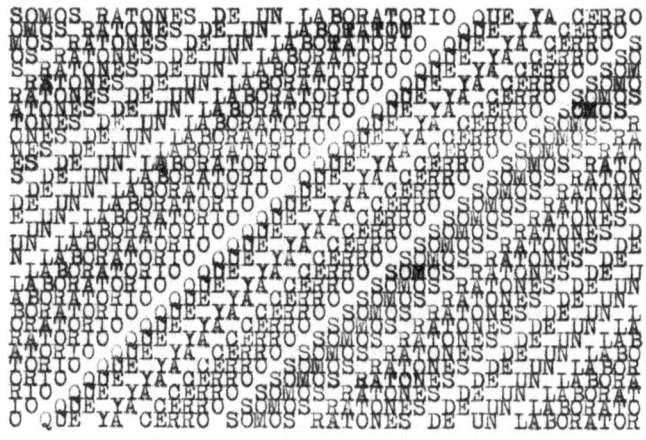

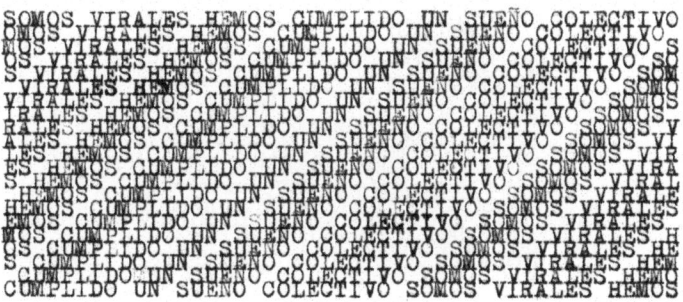

TODOVIRUSESPOLITICOTODOVIRUS
ODOVIRUSESPOLITICOTODOVIRUSE
DOVIRUSESPOLITICOTODOVIRUSES
OVIRUSESPOLITICOTODOVIRUSESP
VIRUSESPOLITICOTODOVIRUSESPO
IRUSESPOLITICOTODOVIRUSESPOL
RUSESPOLITICOTODOVIRUSESPOLI
USESPOLITICOTODOVIRUSESPOLIT
SESPOLITICOTODOVIRUSESPOLITI
ESPOLITICOTODOVIRUSESPOLITIC
SPOLITICOTODOVIRUSESPOLITICO
POLITICOTODOVIRUSESPOLITICOT
OLITICOTODOVIRUSESPOLITICOTO
LITICOTODOVIRUSESPOLITICOTOD
ITICOTODOVIRUSESPOLITICOTODO
TICOTODOVIRUSESPOLITICOTODOV
ICOTODOVIRUSESPOLITICOTODOVI
COTODOVIRUSESPOLITICOTODOVIR
OTODOVIRUSESPOLITICOTODOVIR
TODOVIRUSESPOLITICOTODOVIRUS

MADE IN CHINA

Cuaderno de quejas
de Carlos Baúl del Aire

(2016)

La casa se reserva
el derecho de admisión.
Made in China

Ingreso. No soy el harapo: certifica eso la seguridad.
Sus ojos me siguen, tomo un carro.
Deslizo ruedas por el boulevard principal.
El sol está en su mediodía permanente.
Tomo velocidad encandilada:
complejos de audio, pequeñas torres cónicas de vasos,
     rascacielos de camas,
hogares detergente y edificios gaseosos, se ofrecen.
El sol es acompañado en su aparente estático por
     melodías buclosas:
versiones papilares de canciones que ya no lo son.
Los querubines orinan en ellas: hacen zapping en oídos
     que marchan al sueño.
Adornan silencio sonambular. Suplen viento y mar.
Y aquí y ahora estamos para nunca estar.

China

Era una noche pequeña como una piedra en el recuerdo
   del sueño.
Era piedra pequeña durmiendo en el puño de la noche.
La noche tenía dos manos:
en una a Carlos Baúl del Aire que dormía como una
   piedra pequeña
y en la otra al despertar vacío:
la mano abierta ya sin piedra.
Así dejó ir Baúl del aire su máquina de escribir poemas.
Por una ventana abierta en manos ajenas.
Fue la brisa del sol nocturno y confiar en el cielo vecino,
más un litro de vino pensado en su cintura
que lo dejaron puteando y revolviendo
La puta madre. Debo tener respaldo en disquete,
en papel, en pendraiv,
en una cuenta de la Red Residual.
Nada.
Nada como una piedra.
Nada.
Como una idea.
Y a llorar al cuartito.
Como una piedra pequeña.

Escribió Carlos Baúl del Aire en el Cuaderno de quejas de la sección Limpieza

Ese polvo de estrellas que estás viendo firmamento,
la explosión, gas, el espacio estrellado en tus ojos.
No es más que la fusión,
la ficción sentida en el roce de pinzas de cangrejos
atrapando el pez constelatorio de tus ojos
en su espacio de horas sin luz, iluminado:
conjunto de empresas que explotan la vida mientras no
    miramos el cielo.
Que no miramos la vida mientras explotan el cielo.
Cangrejo,
¡despierta!

El Sol, la máquina por excelencia

En algún lugar alguien ya pagó por su forma.
Y, guardó sol en un cajón.
Sin embargo, proyecta la película día tras día:
sin conciencia de sombra, argumento, escritura.
Porque el sol no conocerá jamás la sombra del sol:
las páginas blancas de radiaciones, la noche y el día,
los negocios que orbitan su nombre, zonda y guerra.
Y es Sol.

La carroña de la carroña

¿Te acordás de lo que vimos, hermoso cuaderno esa
    linda mañana de verano
cuando nos encontramos?
Una carroña nuestra
colorida y asquerosa en la filosa intersección de las
    esquinas.
Con su tapa levantada,
como un toldo caliente
transpiraba venenos y brazos revolvientes.
Contenía de manera descuidada y cínica
el vientre lleno de gases y el hambre.
El sol pegaba en la mugre
como para cocinarla
devolviendo cada moneda a la naturaleza del hombre
en todo lo que ella para él había trabajado.

El cielo miraba la magnífica antropofagia
como si fuera una flor plástica y carnívora.
El olor era tan fuerte que pensaste
que te ibas a desmayar ahí, en el asfalto.

Arriba del espectáculo podrido revoloteaban las moscas
y salían batallones diseñados
de larvas que se movían como un negocio sucio
en esos abundantes cachos de vida.

Todo se hundía y se hinchaba
como el brillo del orden de las góndolas
como un surtido anual movido por diez dedos,
cuya muerta vida creciera en sí misma.

Y ese mundo hacía un yingle extraño
como el agua empetrolada, el viento con alarmas
o la bala agitada en su lamento rítmico
al golpear de los fideos, el colador.

Se sumaban los bordes. Era como un meta-delirio-virtual.
Como el mamarracho arquitectónico sin fin
de un restorán abandonado por su chef
antes de apagar la cocina.

Atrás de las bolsas había una rata y detrás una madre con
        su niña
que tienen en sus ojos la furia
y esperan volver a morder
la rica comida que tuvieron que largar.

¡Y pensar que vas a ser igual que esa basura, querido
    cuaderno.
Que vas a estar igual de desechado y podrido,
vos, el blanco de mis ojos,
vos, el silencio de mi vida,
voz mi bestia, mi pasión!

Así tendrás que ser cuaderno de quejas de mis encantos
después del consumo.
Cuando en la vereda y sobre el asfalto
crezcan hombres entre precios.

Sí, mi amor. Contale a los dedos
que van a tener con vos una fiesta de descuentos.
Que guardo el deseo y la oferta divina
de los amores descompuestos.

Crónica roja de una oferta

decime,
en la edad de la prevención
y yingles dulces como suspiros,
¿cómo les concedió el amor
que conocieran tan turbios deseos?
Leíamos los precios de Paolo y Francesca,
un deleite.
Solos los dos y sin molestar a nadie.
Muchas veces los ojos suspendieron el empuje del carro
y MADE IN CHINA desaparecía.
Pero tan sólo nos venció una oferta
al leer que la risa blanqueadora
era irresistible a los ojos de tu amante:
él,
que lo único que quería era cepillar,
me violó temblando.

Fue Dante quien diseñó esas promociones.

No seguimos comprando, ese día.

Stock

Empecé a observar con cuidado:
una lengua de juguete, la llave de luz con dos
    interruptores.
El reloj pulsera, un aro de madera, un candelabro.
Marcadores negros y fluorescentes, una taza y una letra
    de latex,
un estuche de lentes y una regla.
El encendedor y el carnet de salud,
un tambor de mano, vasos de plástico transparente.
Señales de tránsito: una pila de cuadernos y libros.
A mi espalda un placar guarda máscaras de pájaros
y herramientas, resmas de papel robadas.
Juguetes viejos, semanarios de fútbol.
Un poco más allá un baño antiguo con ropa de invierno:
el gamulán de un amante, obras de arte que jamás
    llegaron a serlo.
Una pileta de manos de fines del siglo xix, el duchero,
    sus azulejos.
Todo sostenido por una ventana que da a ninguna parte.
    Del todo abierta.
Todo lo que nombré lo recuerdo apenas como a
    cualquier voz
que converse mientras nombro objetos.
Todo lo que nombré fue mi voz en dos metros
    cuadrados.

Lo que nombré se llama una radio con música clásica y
   comentarios de jugadas ya jugadas.
Un libro de la Era de oro del circo y libros infantiles.
Trozos de árbol esperando escultores.
Libros espantosos esperando ser escritos encima.
   Pinceles arruinados.
Una composición llamada ESCALERA:

fotogramas fotocopiados, recortados y vueltos a ordenar.
Una escultura en yeso amordazada con cinta de embalar.
Reglas tipográficas: una antología universal de poesía y
   un diccionario de sinónimos.
¿Estoy mirando, estoy ordenando o estoy olvidando?

Medio ambiente

Circo de pulgas.

Mercado de gaviotas.

Declaró Carlos Baúl del Aire al ingresar en Made in China

No soy buscavidas,
soy buscaprecios.
Porque la vida es una oferta
que hay que saber aprovechar.

Carlos Baúl del Aire escribió en el Cuaderno de quejas de la Guerra

Una noche estaba con una judía horrible.
Claro, mis flores eran dengue. Un florero en verdad sin
   flores de verdad.
Como una montaña de fotos de muertos y muertos.
Como un fotógrafo tendido junto a otros. Como una
   pila de cópulas abortadas en la puerta del Ministerio
   de escarapelas.
Muertos alquilados por una cadena internacional de
   noticias.
Cadáveres parte de un contrato tendidos de la mano:
una noche de luna esvástica
en que estaba junto a una hermosa judía que no vestía
   vergüenzas en el canasto del picnic.
Y nos echamos bajo un árbol del campo de
   concentración.
Hay mucha madera en los cadáveres, gemíamos. Yo la
   enterraba y revivía.
Y los hombres feos son menos peligrosos que las mujeres
   feas.
Y los hombres muertos también.
Y el árbol que cae levanta raíces y terrones de tierra.
Y también gime.

Pasó en el edificio de las noticias:
propietarios e inquilinos se desprendían rápido de sus
   propiedades.
Porque aquello era furor inmobiliario:
una burbuja de grúas y paredes con precios de agua y
   jabón.
Era volátil la vida en aquella pompa.
Todos los días novedad abandonada.
Plop.

Un arcoíris en los ojos del mercado

La lluvia enjabona las sendas de Made in.
La oferta renueva el ritmo de vida.
El sol repone sus rayos quemados.

No recuerdo ni cómo ni cuando ni dónde asesiné a mis padres

para ser linyera cualquier día del niño del sol en el
    mundo solo:
como el futuro en el pasado, posado.
Como rayos sonriendo en la copa de cualquier árbol.
También estoy en el abismo del animal plateado:
el paso del futuro matando tiempo a cada instante.
Como un soplo de viento entre piedras levando el hedor
    de cangrejos
y en la melodía del río crepita presente el fuego.
Sonrío en las noches que arden las naves de un mal
    negocio
naufragado por mí y otros delincuentes huérfanos.
Porque no hay tripulación sin esclavos y reos en la
    factoría.
Soy el cadáver de una familia que naufraga se levanta y
    camina
como un tesoro sin fortuna hundido en las fosas nasales
    del mundo:
pesebre apostado en el resumidero de redes residuales de
    adultos de mierda
que abonan el futuro pensando con ductos.
Hiedo y retro sigo riendo de la plata en el río:
y hago buches de agua de riachuelo
y gárgaras de espuma de champán

que vuelco por la nariz del Amazonas,
cuando acelera Ayrton Sena en el Sena.
Soy el nenúfar del siglo veintiuno,
planta recicladora de basura lanzada al caudal del
    fabricante:
soy hermoso porque no me ven, si ya no me pueden
    vender.
Y ahí vengo.

**Entonces leyó Baúl del Aire en el prospecto de la vida
que su naturaleza era la muerte**
La NATURALEZA con mayúsculas es la muerte:
los árboles son formas de la muerte,
las montañas, las mareas y las rocas,
el fuego incluido.
Se dio cuenta que nunca había visto morir a nadie.
Pensó en ese preciso momento donde alguien moría y
miró a su alrededor:
todos los objetos y colores, rimaron a muerte.
Porque así se arrastra cuando se muere lo que se vio de
la vida.

Bajo los cimientos de MADE IN CHINA se muere la
historia de la muerte:
las edades, las pieles de la estrella
y luego de un tal dios y su rebaño de polvo:
las bestias y los mares hasta nuestros días de mascota,
de nosotros y nuestras horas de limites sin limite
para morir.

Baúl cerró la tapa. Bebió y se hundió en el aire.
La brisa de la vigilia lo demoró como aroma pulmonar
por la ventana,
como ladrón despierto.

Vergüenza no es robar. Vergüenza es robar y que te vean.

Escribió, Carlos Baúl en el Cuaderno de quejas del Mc

El amor es arte de altanería,
no bajen el pico.
Recomiendo dejar a los niños con las cigüeñas
para que lleguen a mejor vientre.
¡Allá vuelven las naves migratorias
pariendo fuselajes en las armas del árbol que ha
      encargado
dios y hamburguesas!
Y así, sangrando sobre el pan con sésamo
se escurren en un taper de piedra
y chillan recién nacidos como una grosería.
Carne sobre carne sobre carne,
encías de la carne.

Provocan timbres equivocados
como un recién nacido cae equivocado
como una bocina de hamburguesa en el tránsito.

Como cuando dicen, Señor
y la puta bomba de tu hamburguesa amputa
al niño Jesús en el tránsito.

Buenas noches, noche buena

Como un paquete quieto pasamos Noche Buena bajo el
        árbol.
Nos envuelven con guirnaldas y un lazo colorado.
Esperamos que sostengan la manzana con la boca
y escupan sidra.
Que finjan, ser renos, gordos generosos, bajar por una
        estufa.
Y cierren y abran los regalos, justo antes de
ya son las doce pasadas.
Y ahí, entre digan whisky, artificiales y perros
salimos ilusionados del pesebre en medio del
        bombardeo.
Como un Jo-jo-jo al borde del muro de los lamentos de
        crédito.

Nos dan refugio unas ovejas, un chirimbolo sirio y un
        burro.
Somos una familia pobre y de cerámica.

La repetición al poder

La repetición del mismo pedazo.
La repetición del mismo pedazo.
La repetición del mismo pedazo.
De imaginación.

Trabalenguas

Consumismo
común ismo
con su mismo
comunismo.

Carlos Baúl del Aire escribió en el Cuaderno de quejas del Personal

Sentía el aroma de las panaderías:
un abrazo cálido que horneaba el gris de las paredes
    hacia un hojaldre color manteca.
Las piscinas de los clubes ventilaban esa humedad
    clórica y calefaccionada,
la intimidad de los cuerpos en la soledad del estilo y
    trajes de baño.
La asepsia blanca y uniforme pide silencio a las
    enfermeras en los corredores:
la mugre tatuada en pieles tapiadas, lagañas de óxido
    sellando persianas.
Sin más gracia que un baile de cinta de VHS
    enmarañada en el argumento obsoleto del capricho
    del tiempo.
Como la industria herrumbrada de una banderola se
    posa a cantar sus memorias.
Paloma, ¿seré jaula, seré olfato o seré eco de miga
    olvidada?
¿Seré máquina, seré alimento o seré ciego que pesca en
    el viento?
Seré repetición y seré plaga.
Seré logo de una marca registrada.

Susurro de la piel abismal del mar

El mar descansaba digiriendo ya su ingesta.
Animal echado
al vaivén del respirar.
Tendido en su pelaje,
flotan enfermos hombres
que han sobrevivido.
Están con piernas desaparecidas en aguas,
aferrados a la trama del hálito:
al susurro de esa piel
abismal de mar:
Aquí no hay roca sino agua.
Agua y nada de agua.
Y la marea es el camino. La marea como una mancha
    desde allá arriba,
desde satélites.
Que serán chatarra, marea y nada de agua.
Si hubiera agua en el agua no moriríamos de sed.
Y, sin embargo
moriremos de nada de agua en el agua.
Porque no hay vaso ni grifo en la marea.
Y no me puedo poner de pie,
a pensar por qué flotamos en la maraña.
Somos pesca plástica en vísceras de gaviota:

gaviota parca, gaviota calavera, gaviota muerta de
    hambre.
Nosotros,
fabricantes de alimento.
Veo los ojos del pingüino que arde como una madera
    negra
mientras salta torpe como un mensaje que nunca llega:
veo los ojos del pingüino rodeados por el fuego
que salta sobre la madera para rodear al vidrio del
    mensaje que nunca llegará.
La marea arrastra el teclado muerto en falanges de textos
    amputados.
Porque acá no se puede estar ni sentado ni parado:
siquiera hay silencio en la marea.
Sino una hamaca insolada, ultravioleta y cándida como
    la esperanza.
Todos pelean por gritar tierra a la vista.
Pelean, y algunos sobresalen entre perros y ratas.
Y se abrazan a un huevo.

Ninguno de estos personajes conoció nunca el agua
para la mayoría de ellos era agua mineral,
agua de beber.
No agua de mar sino ducha:
doméstico grifo que limpia el polvo que llueven edificios
        en nosotros.
Su único mar es el amor
y nadie quiere naufragar ni ahogarse.
Todos intuyen qué es flotar, qué es la magia
pero nadie sabe del amor desamarrarse:
salir del baúl del corazón de pies y manos atadas
y escurrirse
como un candado de carne a la mar.

> Nadie puede avanzar tan fácilmente como él,
> pero la multitud es muy grande y ocupa un es-
> pacio infinito.
>
> FRANZ KAFKA

Kafka

según dicen, te ha enviado un mensaje preciso a ti,
el más miserable de sus cucarachas lectoras, a ti,
que no eres más que una cucaracha que huyó lejos,
persuadida de su insignificancia ante la literatura en
    serie.
Justo a ti, Kafka te ha enviado un mensaje desde su
    lecho
de vida eterna como un rayo de sol gobernado por el
    imperio.
Le ordenó a otra cucaracha que leyera junto a él su
    mensaje en el menor secreto:
tan poca importancia le atribuía que hizo que lo
    repitiera
a los gritos y también a los cuatro vientos.
Luego manifestó su desaprobación con un simple gesto
    de cabeza.
Y ante el enorme cucacherío congregado para
    presenciar su muerte

(con basura imperial habían levantado un muro y las
    ratas más grandes lucían sobre el enorme basural)
ordenó a la cuca que partiera.
La cucaracha se pone en marcha. Es fuerte e incansable
y se abre paso adelantando, ya una cucaracha, ya otra
a través del cucacherío.
Cuando tropieza con un libro le prende fuego con sol
    en nombre de la literatura imperial.
Nadie pudo avanzar tan fácil como ella entre la basura
    indígena indigesta.

Pero el cucaracherío es muy grande y ocupa un espacio
    infinito.
Si tuviera la página en blanco, haría de tus manos un
    vuelo
y pronto echarías insecticida en la puerta del baño.
En cambio, sus esfuerzos apestan:
aún sigue abriéndose paso a través del basurero central.
No terminará nunca de atravesarlos y aunque terminara,
no habría adelantado demasiado porque tendría
que luchar a muerte para empujar a otras cucarachas
por la escalinata y aun cuando lo lograra,
no significaría nada más que menos cucarachas,
porque aún debería cruzar las usinas y después los
    vertederos
y luego las aguas hervidas que rodean al basural
    principal
y después otros asentamientos que hierven, y basurales

y nuevamente otra usina,
y por más que ande continuaría avanzando
por miles de teras de años y cuando por fin se extraviara
de la puerta de la última usina (lo que no alcanzo a
    divisar si es posible)
todavía faltaría atravesar el capital:
el centro del basural donde los residuos se multiplican y
    venden portentosos.
No, nada podrá cruzar el capital y menos llevando
el mensaje de Kafka, un muerto.
Y, sin embargo sentado al caer la noche
junto al camión de la basura en tu ventana
insistes con envenenar a la cucaracha para que no se
    acerque:
y esperas.

Where are we going, Walt Whitman? The
  doors close in a hour. Which way does
  your beard point tonight?
(I touch your book and dream of our odyssey
  in the supermarket and feel absurd.)

ALLEN GINSBERG

Cuaderno de quejas

Un supermercado de Made in China:
¿Qué cosas pienso de ti esta noche Carlos Baúl del aire
dando vueltas por las góndolas laterales bajo los árboles
navideños con regalos por encargo como un trineo
  alquilado
carga nafta en el surtidor de la luna llena?
En mi dieta cansada y arrastrando imágenes que me
  endeuden,
frené entre frutas de genes de monos fluorescentes,
repitiendo la lista a carcajadas.
¡Qué melones y bananas, cuantas hormonas
  pudriéndose sin olor!
Familias completas se sacan fotos entre precios.
Pasillos llenos de hombres solos.
Esposas donde las esposas, spray paralizante y
  herramientas.
Bebés donde las bebidas que emborrachan armando un
  carnaval de onomatopeyas.

Y tú Barea Mattos, ¿qué estás haciendo allá entre el
    trigo?
Te vi Baúl del aire sin habla pero lúcido
como una madre abandonada comiendo salamines,
y mientras masticabas eructabas suave como quien
    suspira
a las promotoras un piropo.
Te vi llamando a los encargados para asesorarte:
¿Qué fue primero, el huevo o la gallina,
con qué artículos de limpieza limpian Made in China,
en caso de catástrofe puedo dormir aquí?
Anduve deambulando entre chimeneas de latas opacas
perseguido por los ojos seguros de Made in.
Burlamos yingles cantando paquetes errados por los
    grandes corredores
en nuestro 2 x 1 caprichoso catando petacas y probando
    perfumes,
robando números de teléfono y bombones, y sin pasar
    todavía por caja.
¿A dónde vamos Carlos Baúl del aire?
El mediodía permanente nos sigue explotando,
¿qué excusa de luna tendremos esta noche?
Toco el cuaderno de quejas y sueño con la justicia en
    Made in China
y me siento injusto.
¿Marcharemos acaso hacia el sueño a través de pastillas
    revolucionarias?
Los árboles navideños añaden sombras con sus luces y
    sombras.

La gente envuelve y espera recibir sus propios regalos.
Nos sentimos desofertados.
¿Marcharemos acaso despiertos hallando enamorados
mientras los automóviles rojos, blancos y azules
insisten en aparcar la canasta básica hasta mañana,
y nosotros sin dos, sin tres, sin cuatro zanahorias?
Ah, enfermo querido y viejo amante sincero,
¡con qué carnicería te encontraste cuando Caronte
dejó de empujar con muletas su bote y gritaste «tienda»
en la iluminada vidriera
y permaneciste atónito observando cómo subastaban
las muletas, tus migas y hasta el bote
en las cajas plateadas como el agua!

Escribió Baúl del Aire en la sala de espera del laboratorio

Somos ratones de un laboratorio que ya cerró.
No puedo responder por qué soy un ratón, una piedra,
    una idea:
el ejercicio de la idea manipulada por guantes de látex,
sopesado en la platina como un diamante en bruto
como una idea sostenida por semanas en la temperatura
    adecuada,
aislado termómetro en dígitos precisos:
collar indígena expuesto como una idea.
No puedo responder por el jefe de personal,
el presupuesto para la educación o la ciencia.
Sé que vengo de un laboratorio que ya cerró
y soy el mensaje atado a la piedra pidiendo el rescate del
    mensaje:
soy un ratón, vengo de un laboratorio que ya cerró
soy como el sobreviviente de un avión que cayera en las
    montañas
pero desde ya advierto
que no tomé alimento del cuerpo de mis compañeros
porque dios no estaba ahí para indicarnos la nutrida
    antropofagia
y en cambio, andamos como una roca en la avalancha
emitidos como una enfermedad autoinmune y
    manipulada

porque somos ratones de un laboratorio que ya cerró
y antes de esto nuestra rutina fue inducida
con la alegría de la razón, el bienestar humano:
Y así, una jeringa y una muerte, una luz y dos muertes,
un sonido y otra muerte.
Porque somos ratones de un laboratorio que ya cerró.
Como una piedra suelta en la montaña.

LA VACA

(2016)

Las vacas conquistadoras

Naves ancladas mastican la pradera atlántica.

Parecen discutir el rumbo, rumian:

Todos los pastos, dicen,

conducen a Europa.

El toro inglés

Mi nombre es ford, Hereford…

Soy moderno como el rugby, el golf y el foot-ball.

Soy tu toro especial, dócil y frigorífico.

Recto, fornido y político.

Un touch rojo full screen

en el green de la pradera.

Máquina

Tengo una idea, una máquina que me maquina.

Tengo una industria en pie que crece rápido sin hacer
ruido:

una licencia, una vaca-ción de cuero y carne, un
gimnasio verde:

Esto no es una vaca,

advierte la máquina que crece…

Esto no es una máquina.

Freak

Ubres por cabeza,

bocas mascan

donde cada pezuña.

Estómagos en lugar de cada pata

Y

un ganadero en el vientre.

Por cuero,

el mapa de la demanda.

Por bosta,

cortes del mejor bife.

Por mugido,

el nombre de la cabaña.

Americana

Después de encontrar la quinta pata a la vaca,

se reinicia la raza:

Dios ya no salva a la reina.

Dios tiene un sueño americano:

reproducir la madre del cow-boy:

Madre in Usa

copy/paste

Padre in Usa

copy/paste

Made in Usa.

Show

¡Abran paso señores,

ahí vienen

las más lindas y lindos rumiantes,

y son muuuu-y mansos!

Hola, dicen,

fuimos hechos a imagen y semejanza

del nombre de nuestra cabaña:

¡somos las siglas de los siglos familiares,

los Mr. and Mrs. Universo!

Somos manicura,

somos maquillaje,

somos escultura,

somos por favor,

aplaudan.

Digan whisky,

flash.

Lomo

Vaca que comió y bebió,

voló.

Sobre el mapa político de Europa

se superponen

cortes bovinos para el abasto:

España, lomo; Francia, bife angosto;

Gran Bretaña, ojo de bife; Alemania, bife ancho.

Como la valija de un turista de paso,

se arma,

se desarma,

se arma:

desloma.

La vaca pollo

¡Eureka!

para ganar ésta guerra de demandas,

vacas uniformadas como pollos:

trinchera triste y hambrienta,

moscas,

comida rápida.

Vaca climática

Clima es gen también

en tren de cada bocado de seco pasto.

Cruzando agua y sol,

un hereford sube al vagón

del antifaz

del cambio climático.

Zoo

El diamante ganadero:

la vaca a cielo abierto.

El cielo abierto de la vaca:

bosques parque y zorros,

ríos,

serpientes y carpinchos.

En las sierras,

murciélagos, venados y lagartijas.

Tucu-tucus y arañas,

tejen bosques nativos:

el toro disfruta cual ave del pastizal.

El hombre

del aroma respirado:

alambrar,

desalambrar.

Circo

Hay brindis, risas y bromas.

Ecos de una yerra,

de una fiesta que se extingue

de paisanos.

Que marcaban y capaban,

que hacían caer las guampas.

Hay un eco que enlaza

la memoria, girando

como un toro

mecánico.

POR HORA POR DÍA POR MES

(2008)

La ciudad se sitia sí misma se sitúa se centra se apodera
se puede su poder imanta se imana manadera de humos
    humores
caño de escape alambre cobrado guampa
cable cercado enchufe chacrita prado privado
oferta todopoderosa región legión regla de oro
oración repite la radio su radio
albañilea a gachas sombras de futuro techo
se encierra de hora hilvana la maestría infinita
número ocho antifaz hormiguero y hormiga
forma fortuita el teatro i mundo la verdad
de la milanesa servida sin telón ni mesa
basural memorial asiente cirugías al paisaje
cinturón castrador pobre costurón en la mejilla urbana
pesadilla elaborada ir y venir virtual vitral
índice escrito sobre lomos sin biblioteca
no hay herencia ni heraldo ni pirujas brújula antena
todos libres presos la ironía viva jaula bautismal
pajarera librada al azar de campanas y zares de noticias
fortuna necrófila recién nacida al hotel
donde quien lleve su razón y el cuerpo a vejez será
necrópolis propia templo enajenado
sin misa ni musa su masa individual querrá salvar
su inteligencia
el don aún incapaz
milagro disuelto en neuroanatomía
arte ejercicio a conciencia esquiva

esquina equis ciego código riego color olor pantalla
    plana
pan paz
pasando pactan atando rezan
y res es
se es
ese rey
centro ciudad deidad de edad ideal izada
conflicto elitista de la tropa en retirada
espejo de la ira huyendo de tierra en tierra
entierra tierras
raza al ras.

Que no te ahogue la gravedad del no volar
hay un imán justo en tus pies que despeina
y es vertical el deseo de ser
y horizontal el descanso
y este paseo en el techo del cielo
que es techo del río
y descenso
ancla donde escribo
o remonto peces y rocas
tesoros de otrora
o sumerjo una esfera una idea
y el manual de mis nubes
que reflejan la luz
del rielar de mi almohada
empapada
o
¿estamos en medio
de una manzana
cuadrada?

Por deferencia arreglan como soldados
algo sin final
cuadra en la cuadra la próxima cuadra
cuadra barro barro barro
peatones al borde del abismo peatonal
han sido descubiertas a ambas márgenes
zanjas como trincheras
trincheras como zanjas
cavan cavan al pie del equilibrio
tumbas remuneradas
cascos amarillos sangrando horas marrón
pican desnudan caños cables pican desnudan
cada cable cada caño cada paso pende
del sudor de la cuadrilla que se hunde
hasta la cintura perpetua de las modas
presagiando guerra de veredas calando
en su progreso
nuevas fosas.

En el fondo del agua donde los motores se apagan me duermo

y muero sin morir
y sueño que me muero
y en la realidad duermo
y dicen que tal es
en muerte la vida
sólo un sueño
y encuentro en secreto el reloj sumergido
y mi espejo diluido
y ya no recuerdo su objeto
y prefiero esta noche quedarme despierto
los ojos abiertos en el fondo del agua
a la luz de la luna en lo profundo del sol
o podría decir en el cenit del río
que anda por ahí despierto muriendo
y vuelve muriendo despierto a soñar
cada día de nuevo
nuevo.

Importamos todo y no quiero nada
dioses importamos domingos y leyes
no me importa nada que venga después
importamos peste espejos mandamientos
enemigos deudas muertos de ultramar
importamos redes exportando peces
no me importa nada que puedo explotar
importamos horas de lunes a viernes
y pantallas planas planes planos
viajes sin viajar
importamos cruces exportando especias
importamos huevos de oro sin parar
no me importa nada que tenga sentido
al teclado escribo
A l f a b e t i z acción
soy como el esclavo que te sigue el juego
no soy el damero soy alrededor
no me importa nada la regla y el juego
no me importa nada que me imponga miedo
prefiero reírme cinco siglos hoy
no me importa nada la regla y el juego
no me importa nada que me imponga miedo
nada me anonada. Nada.

Soy alérgico al pan y estoy flaco
por eso imagino el trazo trozado
cacho de poema
y junto las migas y doy gracias
antes de untarle manteca.

El terror es plagio como morir en manos de otro
terrorismo repetir lo plagiado y plagiar
y ensañar a plagiar la cultura del plagio
y al terror izar y enseñar el terror
lo plagiado la muerte
la cultura a enseñar
repetid…

Porque todos los muertos
inocentes todavía
construyen la mueca
todavía de la vida
pelada calavera
tu sonrisa
es la mía.

**donde no hay forma perfecta de nombrar la forma del
efecto de las cosas**

no hay forma perfecta de nombrar la forma del efecto
de las cosas donde

hay forma perfecta de nombrar la forma del efecto de las
cosas donde no

forma perfecta de nombrar la forma del efecto de las
cosas donde no hay.

La E resultó economía de lenguaje
la ecuación al sur y norte del ecuador
la edad del edén
la educación en efecto efímera
el ego el eje ejemplo el ejercicio
él elástico electo como la electricidad
electrodoméstico elefante elegante elemental
ella emancipada embarazada como un emblema
embrionaria emergiendo emigrando
emitiendo emociones empíricas
empleando pobres empresas
enamorada del encéfalo encierro enciclopédico
encuentra la encrucijada encuadrada
enchufa su endocardio a la endogamia parásita
enésima enfermedad engendra enhorabuena el enigma
enlaza y enloquece enmascara y enreda
enreja y enriquece enroca la ensalada
ensilla el sueño entalla el ente
epopeya de la equidad equidistante
equilibrio del equipaje del equipo
equis equivalente de la era
erección ergonómica eros erocionado
erudita escala escalonada
escándalo escapando a escarapelas
escena y escenario escepticismo
esclavos de la esclerosis escolarizando escoltas
escollera hacia el escombro escopetas y escoria

escorzo escrito escritorio y escritura
escroto sin escrúpulo escrutando mi escudo mi escuela
escultura escupida esfínter eslabón espacial
especialidad de la especie espectáculo y espectro
espejismo y espejo esperanza y esperma
espermatozoide espía espira esquela
esqueleto y esquema de la estadía estallando
estereoscópica esterilidad del esteta
éter eterno eureka el evangelio
evolución sin exactitud de la exacta exageración
examen excarcelable éxodo expansión
éxtasis de mi extraña extrapolación
eyacula dios al fin
logré estacionar.

LOS OJOS ESCRITOS

(2003)

(domingo)
parque parietal
ramifica la arboleda
luz
hambre blanca paloma
paseas por la fuente
pan de imagen
palabra.

(mano izquierda)
las manos deletrean
escalera
signos en los dedos
nombro
peldaño a peldaño
pulmón madera hoja descalza
árbol
dentro del puño
escribo el ascenso
cinco pisos vocales.

(primera persona)
yo
presa del singular decir
gota a gota vuelco el nombre de mis letras
s- o- t- a- m- e- r- b- n- i
el discurso culpa de natalicio al poema
tu él nosotros vosotros ellos castigados a beber
personas ajenas racionadas como agua.

(gota a gota)
inmerso en la lluvia
soy hermano
gota prójima
ojo sin paraguas
fértil iris
clave de sol.

(charco)
silencio de pez
escalera como gatos caminan hacia atrás
las baldosas fueron al sepelio del poste flaco en la orilla
donde naufragaron caballos de cartón
desfilan gratis
basura derrotada en lustro de autos
pararrayos del asfalto cerrado como la noche.

(peatón)
cruzar
ser rezo
semáforo
puede dejarme como perro sin lazarillo
ladrando infierno
niños numismáticos
ojo neumático purgando
dónde
la luz verde
paraíso.

(corriente)
el renglón cuenta brazadas
azul reflejo de cielo al agua
múltiplo de orilla día libreta
bolsillo marrón profundo ojo de pez en la noche
anzuelo marea otra página de río letras brava espuma
punto
roca
ratas pienso
el barco desde el fondo leva anclas.

(escollera)

no voy a cerrar la mano pestillo sin llave en la vereda
donde duermen
uno tras otro paredes
sin huésped a espaldas del barco
se fue por la alcantarilla
una ciudad con peces en los ojos branquias
hambre para pedir piedad al alimento
ojos de gato
nadie apuesta a buen puerto desde la puerta.

(poema en alta mar)
la tormenta contrae orillas como un barco
sobre las olas de una gaviota
que llueve.

(cenicero)
cuando escribo cigarro una mujer
fuma sus labios
y el humo distancia del beso
respira su mano cuando escribe ceniza.

(soñé con tu bandera)
padre terminó el desfile
juro escribir la bandera
renglones custodiados por el sol
edificio baldío caballo de la plaza
independiente del hambre
clamo golpe de pan
infantil venia herencia
harina uniforme
proscripta
a la mesa al plato
mano al estómago
alergia sin mantel
sin respaldo.

(nota)
madre he escrito poemas peligrosos
como actor
tengo licencia para matar y ser el muerto
todo cuerpo tiene una mudanza
patios rotos con juguetes
calles atadas como manos
puedo ser mortal automóvil
en el tránsito de esta hoja
quebrar la distancia entre labios
la palabra paladar
saltar a otro móvil
pulmón del silencio
dormir al pie del árbol
como el niño anterior.

(fin)
dar muerte al poema con los ojos
        al poeta mientras nombra colores
        al asalto del objeto o el ocaso
        una línea con la última palabra
        muerta la palabra
        fin del poema poeta
        tiezo traso del dibujo
        horizonte ojos escritos
        hasta mañana.

FIN

Casa de cambio o resignificar el arte
en tiempos precarios

En *El entusiasmo. Precariedad y trabajo creativo en la era digital*, Premio Anagrama de ensayo en el año 2017, Remedios Zafra analiza con perspicacia y lucidez el contexto de lxs artistas, creadorxs y académicxs que nacidos a finales del siglo XX «crecieron sin épica, pero sí con expectativas» hasta que, en el caso de España, la atroz crisis económica del 2008 —que la pandemia acentuó hasta extremos inéditos— se volvió un fenómeno sistémico y perdurable y lxs instaló definitivamente en el desencanto, signo de época. En Uruguay las crisis intermitentes tienen acostumbrados a lxs artistas a esos vaivenes desde hace décadas. Los tiempos neoliberales parece que llegaron para quedarse y la consecuencia en el mundo artístico cultural es la ansiedad, la depresión, la burocratización de la creatividad, la dependencia de las inflexibles leyes del mercado y de la «vida líquida» (Bauman) para producir a un ritmo frenético e inhumano. Zafra afirma que se instrumentalizan la vocación, la pasión y el entusiasmo implícitos a lxs creadorxs que acabarían perdiendo su libertad y su capacidad para transformar, a través de la imaginación, la realidad. Este libro, sin embargo, muestra que es posible rearmarse y resignificar el arte en tiempos precarios.

Casa de cambio, antología de la poesía de Martín Barea Mattos, escritor y artista de trayectoria ya sólida y consolidada, pone el dedo en la llaga en ese leitmotiv que se convierte casi en una cantinela u obsesión que recorre todo su imaginario, pero se hace más explícita a partir de su libro *Made in China* (2016). La censura de este planeta mercadotécnico y sus nuevas formas de opresión no puede ser más aguda y certera, más elocuente y avispada, con esa chispa de ingenio que siempre acompaña su discurso poético/político a través del juego paronomásico con lo visual, con la caligrafía: «un poema repetido mil veces es un trabajo». Lo lúdico puede sacudirnos e interpelarnos incluso sobre las realidades más graves y siniestras —pensemos en el ensayo *Playful Memories* de la crítica argentina Jordana Blejman que se centra en textos que desde una aparente ligereza, pero también desde otras formas más cruentas de humor como la sátira, censuran la violencia política—. De humor irreverente sabe mucho Barea y esta es una de las «marcas de la casa». En el imaginario de Barea Mattos se subraya que la dictadura de los mercados y la sociedad de consumo ocupan el lugar del mecenazgo. Su humor es un humor que, como quería Calvino, utiliza una ligereza nunca banal o trivial, siempre aguda, afilada. El cinismo empapa la crítica a la precariedad del artista picapedrero.

La selección está organizada desde el presente al pasado y comienza, entonces, con sus poemas inéditos, con lo más reciente para llegar a uno de los primeros libros —*Los ojos escritos* (2003)—, articulación sabia para lxs lectorxs que entramos en su universo y proceso creativo desde las inquietudes de pensamiento y artísticas actuales. Hacemos una inmersión y un buceo para luego nadar hacia atrás en las estimulantes aguas que Barea Mattos propone.

Percibo varias líneas temáticas recurrentes en el libro. En primer lugar, como señalaba, la precariedad, que no es nueva ni conceptualmente ni en la realidad del artista. Guy Debord y los situacionistas ya advirtieron que se avecinaba la era del simulacro en la que se había pasado de la esencia a la apariencia, pasando previamente por la posesión. *La sociedad del espectáculo* ya cuestionaba el gran teatro o gran película en la que el sol y el mar son actores, máquinas que producen imágenes una y otra vez, como en sugerentes imágenes desliza nuestro poeta, en las que lo artificial y medible en términos económicos se nos impone como realidad, en que se olvida la naturaleza porque estamos anestesiados y aturdidos por el consumo, por lo instantáneo de la vida y el arte, por la destrucción también de la naturaleza —«agua empetrolada»—. Si vamos más atrás, el relato «El Rey Burgués» de Rubén Darío anunciaba ya la situación del arte en tiempos de profesionalización del escritor y artista en la modernidad histórica. Esx artista que se convierte en bibelot decorativo con un mecenas ha pasado ahora a adornar, divertir, a ser el bufón del mercado, con el añadido de que ya no se permite la lentitud sino la rapidez productiva. Desde el romanticismo, entonces, pero especialmente a partir de la modernidad histórica y el capitalismo incipiente, con la pérdida de aura que implica (Benjamin), la condición del artista empieza a ir, con frecuencia, acompañada de una singularidad indiscutible, de una personalidad fuera de lo común, lejos de la normalidad e incluso de la razón. El artista se transforma en mercancía —recordemos las fotografías de Elsa Von Freytag-Loringhoven por las calles de NY como un *Ready Made* andante—. La creatividad revela su genio a través de una continuidad entre la biografía y la obra, entre la vida y la letra o imagen, continuidad que impulsa al sujeto a «encarnar» sus propios versos de manera heroica (Byron) o trágica (Hölderlin). La obra no refleja la vida, sino que ésta es la que intenta imitar al arte; la experiencia original se empieza a «crear» a partir del objeto artístico, tal y como expresa Rubén Darío en su ensayo *Los raros*. En ese contexto hay que buscar otros mecanismos para resignificar y potenciar las proyecciones del arte en un nuevo régimen aurático porque «la casa se reserva el derecho de admisión» y ya sabemos de la intrusión biopolítica en todas las facetas de la vida humana. Barea Mattos lo sabe y no solo es poeta sino artista plástico, performer, dinamizador cultural, tiene programas de radio, etc. Esa capacidad interartística e interdisciplinar deja clara huella en el papel, y no solo en la serie de poemas visuales titulada, elocuentemente, «Secuenciales», sino en la impronta verbal, sonora, de imágenes de todos los textos. Lo musical a través del ritmo —muy puntualmente de la rima— impregna el imaginario y la dicción. En sintonía con las teorías de «la puesta en voz» de Luis Bravo, Barea parte de recursos como la repetición fónica, la paronomasia o el calambur, la semántica a la deriva aliterada. Las vanguardias históricas están aquí presentes —son evidentes los ecos del Lorca de *Poeta en Nueva York* en «asfalto y plástico», animales y rascacielos, pero también las potentes metáforas en la estirpe del genial Julio Herrera y Reissig— y en el algún momento asoman brotes o resonancias neobarrosas —Perlonguer, Echavarren, Marosa di Giorgio— que van desde la proliferación a la enumeración pasando por la estructura cíclica o circular de los versos, las paronomasias o aliteraciones en deriva fónica, en torrente lingüístico y visual —«debacle de...»—. Los títulos largos e insólitamente descriptivos de los poemas de Barea Matos son imágenes surreales —«una idea infarta aguas»—. Noigandres y la poesía concreta de los hermanos de Campos o Décio Pignatari laten y subyacen al discurso poético también, al igual que el gran Joan Brossa y sus poemas visuales —«Pandemia Bio lenta»; «Consumismo Con su mismo Comunismo»; «Tapabocas Taparrabos Matamoscas» o «Somos ratones de un laboratorio que ya cerró»; «Somos virales hemos cumplido un sueño colectivo»; «Todo virus es político»—. Humor y política en el lenguaje y la imagen. La adjetivación es inusual los sintagmas, raros, como sabía Darío —«edificios gaseosos»; «rascacielos de camas»—. La narrativa iconoclasta y ciberpop, alucinada, inunda todo

—«querubines que hacen zapping»— y vuelve, en bucle, al decadentismo como primer momento de distinción y exclusión del artista. Los versos contienen imágenes de lo putrefacto y la belleza —¿qué cosa es sino un «cadáver exquisito»? Lo cotidiano y lo prosaico se mezclan con la distinción, pero hay belleza en los «fideos» y el «colador», en las «ratas», en lo grotesco, en lo abyecto (Kristeva). Y hay «tempus fugit» y «memento mori» barroco en medio de la apariencia de eterna juventud y belleza: «Soy hermoso porque ya no me ven, si ya no me pueden vender». El artista sigue siendo «el nenúfar del siglo XXI», todo ternura y belleza intacta: «un arcoíris en los ojos del mercado», después de lo putrefacto hecho de «latex y fluorescente», de los precios puestos hasta a «Paolo y Franceca», a ese podrido capitalismo de plástico.

Barea Mattos, a partir de la economía del lenguaje que parece tomada del grupo OULIPO para ser renovada —Raymond Queneau, Georges Perec, Italo Calvino—, juega con lxs lectorxs hasta conseguir una proyección política, más allá del juego y de lo hermético o críptico, más allá, también, de la experimentación formal y caligramática. Mira hacia la neocolonización, hacia un mundo transgénico lejos de la utopía ecologista, lejos de la justicia social marxista. Busca reconquistar espacios de cultura a partir de la carnavalización, lo grotesco, lo abyecto, la parodia cínica, el humor, la pura sonoridad de un verso leído, proclamado en público. La realidad «no es una vaca». «Ceci n'est pas une pipe», bien-sûr, pero ¿qué es? No lo sabemos. Un misterio vivo, eso sí, vivo y que corta de tajo al capital, al basural biopolítico contemporáneo.

Como Barea Mattos, como Bolaño, yo: «me quedo con la poesía / engendro que nace muerto pero está viva» porque si la poesía no es esa combinación genial de «sangre, sudor, semen y lágrimas» más allá de la compra-venta, de la receta farmacológica de bienestar, placer y salud negociadxs, ¿qué cosa es?

MARÍA JOSÉ BRUÑA BRAGADO
Universidad de Salamanca

Índice

Otros títulos de la Serie de poesía
AZUL DE METILENO

❈

Otros títulos de la Serie de narrativa
RELOJERO DE BANAGUÁS

Esta primera edición de
Casa de cambio
número 32 de la Serie Azul de Metileno,
se terminó de imprimir
en agosto de
2024.